LETTRE

ADRESSÉE

à M. LE MAIRE DE LATRESNE

par

M. LE Cte DE BONNEVAL.

———⟡———

BORDEAUX
TYPOGRAPHIE Vᵉ JUSTIN DUPUY ET COMP.
Rue Gouvion, 29

1865

MONSIEUR LE MAIRE,

Permettez-moi de faire passer sous vos yeux l'exposé succinct des circonstances relatives à l'établissement de Notre-Dame du Rocher, et de l'inexplicable opposition dont elle a été l'objet de la part de l'administration qui vous a précédé. Cette opposition, quoique bruyante, n'a pas été générale, Dieu merci! Beaucoup de bons esprits se sont tenus en garde contre ses clameurs; mais, ayant en main l'exercice de l'autorité, elle s'en est servie pour dénaturer mes intentions, pour en entraver et en paralyser les résultats. On en aura la preuve dans le récit des faits. Les habitants de la commune connaîtront quels sont leurs vrais amis; ils pourront juger en connaissance de cause.

En m'adressant à vous, Monsieur le Maire, je m'adresse aussi à vos administrés. Il est temps que les équivoques, les calomnies s'évanouissent au flambeau de la vérité, et que ceux-là même qui me refuseraient injustement leurs sympathies, comprennent au moins et mon désintéressement et mon bon vouloir.

Il n'a pas tenu à moi que le bien se fît dans le silence, et c'est contre mon gré, que j'en suis réduit à élever publiquement la voix.

Une commune n'est-elle pas pour chaque habitant une patrie dans la patrie, le lieu de nos affections, de nos intérêts, une même famille enfin? Chacun ne se doit-il pas à tous et tous à chacun? Ne devons-nous pas ne faire qu'un, dans la pensée comme dans l'action, et nous voir tous confondus dans la pensée du bien?

Pourquoi n'en a-t-il pas été ainsi dans la commune de Latresne?

Pourquoi?... Une question a servi de prétexte à une certaine émotion; cette question si simple a été oubliée dans ses détails, obscurcie, embrouillée. Je veux essayer de la rétablir dans son vrai jour, et de la rendre sensible pour tous les esprits. J'ose espérer que la conscience de chacun se rendra à la lumière de l'évidence, de la bonne foi et des vrais intérêts de la commune.

Je dirai le but que j'avais l'ambition d'atteindre;

Je ferai l'historique de l'Eglise et des bâtiments de Notre-Dame du Rocher;

Je ferai ressortir l'intérêt que devait en retirer la commune;

Je répondrai à quelques objections;

Je ne puiserai pas aux documents qui ont pu intervenir d'administrateur à administrateur; nulle main complaisante n'aura eu à les mettre à ma disposition; mais ce que je dirai, n'en sera pas moins bien établi; il n'y aura dans mon langage ni aigreur, ni passion, ni amertume; je serai simple comme la vérité, j'éviterai même toute vivacité de forme.

But que j'avais la prétention d'atteindre, et que j'eusse atteint.

Dès 1848, alors que le travail manquait partout, je résolus de consacrer le produit de laborieux travaux et de sérieuses études, à construire un monument qui, si le temps et mes forces me le permettaient, devait être une œuvre de religion et d'humanité; je mis donc, dès cette époque, les ouvriers sur le chantier, ayant soin de n'accepter que des ouvriers de la localité.

Je ne voulais rien moins que doter la commune de Latresne, *sans qu'il lui en coutât une obole de dépense* :

1° d'une école pour les filles grandes;

2° D'une école pour les filles petites;

3° D'un pensionnat où l'instruction eût été plus élevée.

4° D'un orphelinat où les travaux des champs se fussent joints aux travaux manuels ;

5° D'une salle d'asile ;

6° D'un hospice pour les malades ;

7° D'un asile ou retraite pour les vieillards et invalides du travail, où quatre lits eussent été mis à la disposition de la Société de bienfaisance.

Le but que je poursuivais semblait me rendre tout facile. Plein d'une loyale confiance, je croyais, — je l'avoue dans ma simplicité, — n'avoir à attendre que des sentiments de reconnaissance et de sympathie.

Il n'entrait nullement dans ma pensée de construire une église paroissiale ; je savais cependant que la commune aurait à supporter cette charge, un peu plus tôt, un peu plus tard, et que l'autorité épiscopale ne manquerait pas de la lui imposer.

Mon unique but, ma prétention était de remplir le programme indiqué plus haut ; j'ajouterai qu'une circonstance favorable et inattendue m'aurait permis de le réaliser plus tôt que je ne l'avais espéré, et que même il serait déjà en pleine activité.

Deux personnes avaient été tellement frappées du complet de cette œuvre, qu'elles avaient demandé de s'y associer ; l'une devait mettre à ma disposition la somme de 60,000 fr., et l'autre celle de 46,000 ; ensemble, 106,000 fr. — C'eût été un premier *fonds* destiné obligatoirement, savoir : les

60,000 fr. à la dotation de l'orphelinat, et les 46,000 fr. à celle de l'asile des invalides du travail. Forcé m'a été de refuser LE SEUL CONCOURS que j'aie rencontré, et la commune le devra aux difficultés inouïes qui m'ont été suscitées.

Ce but que j'ambitionnais ne pourra probablement plus être atteint dans d'aussi larges proportions.

On a dit que l'existence de pareilles œuvres « *serait une singularité pour une petite commune rurale.* » Je conviens qu'il est plus facile de les taxer de singularité, qu'il ne l'était de les établir ; on eût pu ajouter avec plus de raison ce que j'ai écrit dans une lettre à M. le Préfet, que deux folies étaient en présence : la folie de l'offre et la folie du refus.

HISTORIQUE DE L'ÉGLISE

Et des bâtiments de Notre-Dame du Rocher.

Il n'est personne qui ne se rappelle qu'en 1852, les habitants de la section la plus importante de la commune, prirent eux-mêmes à loyer une salle de danse, située au Castéra, et que, l'ayant convertie en oratoire, ils obtinrent de S. Em. le Cardinal-Archevêque la faculté d'y faire célébrer une messe les jours de dimanches et de fêtes. Cette détermination fut motivée par la distance que les habitants avaient à parcourir pour se rendre à l'église paroissiale, et chacun sut l'apprécier, au point qu'elle n'excita pas la plus légère réclamation.

Ce n'était assurément pas sans quelque répugnance, qu'on voyait célébrer les offices dans un local qui, la veille, avait servi à des amusements tout profanes, et qui ne présentait pour tout emblême religieux, qu'un pauvre autel d'emprunt. On sentait bien que cette disposition était toute précaire, et ne répondait ni à l'importance ni au bon esprit de la paroisse. Une chapelle décente et capable de recevoir une partie considérable de la population se présentait à la pensée de tous, mais il restait la question de la dépense.

Comme le service d'une chapelle rentrait naturellement dans les combinaisons de l'œuvre que j'avais projetée, je n'hésitai pas à aller au-devant de ce désir, et j'atteignais ainsi un double but.

Cette construction se présentant avec toutes les apparences d'une utilité générale, je la pris ardemment à cœur, et, en conséquence, je fis choix de l'un de nos architectes les plus distingués, qui voulut bien en accepter la direction.

Dès que les travaux furent commencés, le digne ecclésiastique qui desservait alors la paroisse, ne manqua pas de se faire l'écho des vœux qui se formaient de toutes parts, et lui-même, il m'exprimait dans les termes les plus pressants, son désir de voir donner à la chapelle projetée, des proportions telles qu'elle pût être un jour convertie en paroisse. Des motifs plausibles étaient allégués pour que je consentisse à une modification des plans; c'était, d'une part, les convenances de l'emplacement, si heureusement situé sur un point à la fois culminant, central, et quoique isolé, contigu au presbytère;

c'était la volonté de Son Eminence de voir s'élever une église plus centrale; c'était, d'autre part, le mauvais état de l'église paroissiale, son insuffisance et son éloignement de la plupart des habitations (1). On ne doit pas oublier que cette dernière église avait été placée à la limite extrême de la commune, parce qu'alors les palus n'étaient pas bâties; que le Castéra ne possédait que quelques maisons; que la route départementale n° 10 n'existant pas, elle n'était point bordée de maisons et sillonnée par plus de vingt-quatre omnibus par jour. Cette église était devenue insuffisante, parce que la population s'accroissait progressivement. Le dernier recensement accuse une augmentation de plus de 600 habitants.

Il était aisé de comprendre qu'en entrant dans cette voie, j'allais accroître démesurément le chiffre de la dépense; mais la perspective d'un plus grand bien à produire l'emporta sur toute autre considération, et je me laissai persuader.

Je m'abstiendrai de relever cette œuvre; mais puisqu'il m'a été donné de la conduire à bon terme, je ne crois pas me faire illusion, en pensant qu'elle répond à toutes les espérances que l'on avait pu concevoir, et qu'elle est digne de figurer

---

(1) Comment expliquer que, dans un écrit publié, on ait cherché à démontrer que l'ancienne église était plus centrale, alors que la simple vue du plan de la commune prouve le contraire. Le Conseil municipal lui-même (délibération du 4 novembre 1860) ne dit-il pas *qu'il reconnaît que la chapelle de M. de Bonneval est plus vaste et plus centrale?*

parmi les plus beaux monuments dont le diocèse est redeva-
ble à la généreuse initiative de Son Eminence.

Je me suis longuement étendu sur l'église pour faire comprendre que je ne comptais d'abord bâtir qu'une chapelle et
que je n'avais cédé qu'à un motif d'utilité, regardée comme
générale, et pour montrer que jamais il n'avait été question
d'ordre religieux à y établir; mon seul, mon unique désir
n'ayant été que de fonder une œuvre communale (1).

Assurer la dignité du culte, c'était beaucoup peut-être,
mais ce n'était pas le but essentiel que je m'étais proposé.

Je ne voyais ni maison d'école ni établissement charitable d'aucune sorte, et le plus cher de mes vœux, était d'en
doter la commune.

Donc, il y avait là grand bien à faire; j'en compris toute
l'étendue, et sans me préoccuper des charges nouvelles que
j'allais m'imposer, je voulus poursuivre mon œuvre, en as-
surant à l'enfance le bénéfice d'une éducation solide et
chrétienne; aux mères, une salle d'asile où seraient gar-
dés leurs enfants; aux pauvres orphelins, une famille; aux

---

(1) On a dit que : « *plusieurs membres d'un corps religieux avaient fré-
quemment inspecté les travaux, et que la commune n'avait pas mérité
qu'on lui fasse supporter les conséquences de la déception de M. de Bonneval.* » Autant de mots, autant... d'erreurs. Jamais aucun religieux n'a inspecté les travaux, jamais je n'ai eu à subir de déception. Est-il honnête d'affirmer ce qu'on ne sait pas?

malades, un lieu pour abriter et soulager leurs souffrances;
aux vieillards, aux invalides du travail, une retraite pour
leurs vieux jours, pour leurs infirmités; à tous enfin, une
famille soigneuse et compatissante.

C'est dans ces vues et avec cette multiple destination, qu'ont
été construits les deux vastes bâtiments qui s'étalent contre
les flancs de l'église; ils devaient même être agrandis, les
fondations déjà faites l'indiquent.

Depuis 1854 (1er septembre), quatre Sœurs de St-Vincent-
de Paul sont établies : une, pour l'école des filles grandes;
une deuxième, pour les filles petites; une troisième, pour les
orphelines; une quatrième, pour visiter les malades.

Il était manifeste que ni moi-même, ni aucun membre de
ma famille, nous n'avions à attendre aucun avantage person-
nel de ces diverses créations, et que l'intérêt général de la
commune devenait l'unique mobile qui m'avait déterminé à
ne reculer devant aucun sacrifice. J'osais donc me flatter de
l'espoir que mon dévouement m'attirerait de toutes parts,
sinon de la gratitude, du moins des encouragements sympa-
thiques; mais il n'est pas dans l'ordre commun de la Providence
que le bien puisse jamais s'opérer ici-bas sans quelque contra-
diction, et, si j'avais pu l'oublier, les incidents qui se sont
succédé, étaient plus que suffisants pour m'en rappeler le
souvenir.

Or, une messe se disait les dimanches et fêtes dans la
nouvelle église, lorsque le 28 mars 1859, Monseigneur le

Cardinal me demanda d'écrire à M. le Préfet, pour lui dire que mon intention était de faire don à la commune de mon église.

M. le Préfet en prévint sans doute M. le Maire de la commune. M. Beyssac, maire, M. Foussat, conseiller, vinrent dans mon cabinet, délégués par le conseil municipal, pour s'assurer si vraiment telles étaient mes intentions. Je leur dis que je consentais à leur donner gratuitement l'église, à la condition par eux de la terminer (la voûte et le chœur n'étaient pas faits), ou de la terminer moi-même, moyennant trente mille francs qui seraient destinés à pourvoir à l'existence des Sœurs (1). M. le Maire ne tarit pas de compliments, me disant qu'il avait besoin de m'entendre pour croire... il me parla de Conseil municipal à m'amener, etc.

Le Conseil municipal est, en effet, appelé à délibérer, et, sauf les voix des deux conseillers municipaux, MM. Foussat et Nairac, le 8 avril 1859, à l'unanimité, il fut voté contre l'acceptation. MM. Foussat et Nairac m'ont autorisé à affirmer leur

---

(1) On a fait beaucoup de bruit concernant cette somme que je demandais ; mais, sans insister sur la destination utile qu'elle devait recevoir, ne m'était-il pas permis de désirer que la commune elle-même me donnât, en la votant, un signe d'adhésion à mes efforts ? Son refus aurait été d'autant plus inexplicable, qu'elle n'avait aucun sacrifice à s'imposer ; et cette demande était-elle donc si exorbitante en face du chiffre de plus de 100,000 francs par moi dépensés, et uniquement dépensés dans la commune ?

vote; ces deux Messieurs furent, sans doute pour ce motif, éliminés du nouveau conseil municipal, car leurs noms ne figurèrent pas sur la liste administrative.

Le 4 novembre 1860, nouvelle délibération prise sur le désir de Son Eminence; même vote de refus à l'unanimité, sauf la voix de M. le Maire.

Le 12 mai 1861, sur l'invitation de M. le Préfet, même refus, sauf la voix de M. le Maire.

En 1862, sur la demande de Son Eminence, encore même refus, sauf la voix de M. le Maire.

Toujours un vote négatif dans quatre délibérations.

Je m'expliquais difficilement ce vote plusieurs fois réitéré, car c'était le conseil municipal lui-même qui, par ses délégués, avait fait auprès de moi la première démarche.

Les principaux contribuables jugèrent que les vrais intérêts de la commune étaient sacrifiés, et ils rédigèrent spontanément la protestation suivante contre la délibération du 4 novembre 1860 et la remirent à M. le Préfet, signée par les douze plus forts imposés sans exception, et un grand nombre d'autres propriétaires. Le chiffre payé par les signataires, représente *près des deux tiers* de l'impôt total payé par la commune.

« Nous soussignés, plus forts imposés, contribuables, ha-
» bitants de la commune de Latresne,

» Considérant que l'église paroissiale de Latresne se trouve
» située à l'extrémité de la commune ; que ce site pouvait
» convenir, lorsque la commune de Cénac se trouvait réunie
» à celle de Latresne, lorsque le bourg avoisinant l'église se
» trouvait seul à peu près habité, lorsque la palus n'avait
» presque aucune habitation, lorsque la route n° 10 n'était
» pas bordée de maisons, lorsque le Castéra n'était pas de-
» venu un bourg important, lorsque, enfin, la route n° 10
» n'existait pas et n'était pas parcourue par plus de vingt-
» quatre omnibus par jour ;

» Considérant que le presbytère est à plus d'un kilomètre
» de l'église et que ladite église est dans un tel état de déla-
» brement et de dégradation qu'on ne peut songer à la ré-
» parer ; Monseigneur l'Archevêque ayant prévenu le conseil
» munici pal qu'il y mettrait opposition, M. le Préfet ayant
» exprimé la même opinion et le Conseil des bâtiments te-
» nant le même langage ;

» Considérant que la proposition de l'un de nous de faire
» don à la commune de la nouvelle église de Notre-Dame
» du Rocher, moyennant la somme de trente mille francs, est
» très avantageuse aux intérêts bien entendu de tous ;

» Considérant que cette église est belle et neuve et en rap-
» port avec la population chaque jour croissante ;

» Considérant qu'elle est à peu près au centre de la com-
» mune et à quelques mètres seulement du presbytère ;

» Considérant qu'en outre, l'instruction et l'éducation seront
» gratuites dans la commune, à moins que la commune,
» pour le compte de sa caisse, ne veuille percevoir une ré-
» tribution scolaire;

» Considérant que le refus par le conseil municipal du don
» de Notre-Dame du Rocher deviendrait onéreux aux inté-
» rêts de tous et nous forcerait :

» 1° A bâtir une nouvelle église;
» 2° A bâtir une école pour les filles;
» 3° A bâtir un logement pour l'institutrice;
» 4° A payer une rétribution scolaire ;

» Considérant que la somme de trente mille francs peut être
» obtenue partie par souscription, partie par secours que
» l'État nous accorderait, partie par rétribution scolaire que
» la commune ferait recevoir par le percepteur, et que le
» solde serait couvert par les centimes additionnels;

» Considérant enfin que la commune aura trois Sœurs de
» Saint-Vincent de Paul, une pour la grande classe, une
» pour la petite, et la troisième pour soigner et visiter les
» pauvres et les indigents;

» Par ces motifs, nous soussignés, plus forts imposés et con-
» tribuables de la commune de Latresne, protestons contre
» le refus du Conseil municipal dans ses délibérations du 4
» novembre 1860, et prions Monsieur le Préfet et Monsei-
» gneur l'Archevêque de soutenir les vrais intérêts de la
» commune. »

Latresne, le 28 novembre 1860.

(Suivent les signatures).

Cette protestation me semble une pièce bien importante ; elle expose les véritables intérêts, comme les aspirations de la commune. La compétence des signataires ne sera assurément pas déniée, car, en fin de compte, c'est sur eux surtout que pèsent, comme impôt, les charges communales. On ne saurait trop faire ressortir ce généreux concours qu'ils viennent encore de renouveler. Leur persistante adhésion a été un précieux dédommagement pour moi, au milieu de tous les dégoûts qui m'étaient suscités. Qu'ils trouvent ici le témoignage de la gratitude qui leur est due.

Mais que dire du spectacle étrange, et peut-être sans exemple, qui s'est passé sous nos yeux? Nous avons vu surgir, au sein d'une localité que l'on était accoutumé à citer pour son excellent esprit, un conseil municipal, ne prenant nul souci de la pensée bien connue et exprimée de la grande majorité des contribuables, fermant l'oreille aux avis réitérés qui lui étaient adressés par nos premières autorités civiles et religieuses; votant, comme un seul homme, sur la même question et dans plusieurs séances successives, à l'encontre de son maire, et parvenant ainsi, durant cinq années, à tenir en échec une commune de plus de 1,500 habitants. Une telle série d'actes présente évidemment tous les caractères d'une résistance systématique, — passion n'est pas raison, — et c'est en vain qu'on chercherait des circonstances atténuantes, soit dans un zèle exagéré, mais mal entendu, contre toute mesure qui aurait paru grever la commune, soit dans d'autres

calculs encore plus étroits. Je le dis à regret; ces hypothèses
elles-mêmes ne sauraient être invoquées en faveur de ce conseil, car, il a su se montrer, en bien des circonstances, large
et généreux, surtout dans son vote pour l'allocation relative
au rachat du Pont de Bordeaux, et dont le chiffre fut ramené
par M. le Préfet à de plus modestes proportions. — De plus,
défalcation faite de la cote de M. Beyssac, maire, notre municipalité ne figure au rôle des contributions (1860), que pour
une somme de 491 fr. 03 c. Or, ce chiffre mis en regard de
celui de 21,243 fr. 81 c., montant de l'impôt général de la
commune, ne représente même pas 2 1/2 p. 100; et ce n'est
point sur une aussi mince quotité de nos charges communales
qu'ils auraient voulu baser leur ligne de conduite. — Ce qui
paraît inexplicable cesserait peut-être de l'être, si l'on repor-
tait ses souvenirs à la protestation à laquelle donna lieu la
manière dont s'accomplirent les élections municipales.

Les plus forts imposés n'ont point été seuls à ne pas vouloir suivre le conseil municipal dans la voie où il s'était
engagé. La fabrique, qui, certes, en fait d'église, a bien
aussi des droits à faire valoir, n'a pas balancé, dans sa délibération du 8 décembre 1861, et cela à l'unanimité, de
voter l'acceptation de la nouvelle église comme église paroissiale, conservant l'ancienne comme *chapelle de secours
pour les sépultures.* Ce sont les termes mêmes dont s'est servie, à plusieurs reprises, Son Eminence. La fabrique ajoute :
« Conserver deux églises sur le même pied, ne serait-ce

» pas grever la commune d'une lourde charge, celle de satis-
» faire au traitement d'un vicaire ? Ne serait-ce pas perpé-
» tuer la discorde dans la commune ? Chacune, en effet,
» aurait ses partisans et ses fidèles ; les exercices religieux
» qui s'y célèbreraient, au lieu de tendre à rapprocher les
» esprits et les cœurs, produiraient un résultat tout contraire;
» le double service offrirait une occasion permanente de dis-
» corde, dont on ne pourrait prévoir ni la limite ni la durée.
» La fabrique ne se verrait-elle pas bientôt hors d'état de
» suffire aux charges du service paroissial, et la commune
» ne serait-elle pas appelée, chaque année, à fournir une
» subvention plus ou moins considérable ? Et quelle discus-
» sion ne serait pas alors soulevée !! Ne serait-ce pas, du
» même coup, atteindre les intérêts de la fabrique et ceux
» de la commune ? L'expérience est là pour le prouver. »

On voit donc qu'une divergence radicale d'appréciation
existe entre le conseil municipal, d'une part; et d'autre part,
le Maire, les plus forts imposés, les membres du conseil de
fabrique et les autorités civiles et religieuses. Le conseil
municipal aurait-il, *seul,* le privilége de la raison?

Dans tous ces débats auxquels on m'a cru, à tort, très ac-
tivement mêlé, il n'y a eu que DEUX LETTRES DE MOI, et l'on
s'expliquera facilement ma réserve. Pour prix de mes sacrifices et de mon dévouement, je ne rencontrais qu'hostilité, fai-
blesse, passion, jalousie, parti-pris; craignant, d'ailleurs, de

ne pouvoir désormais arriver au complet des œuvres que j'avais eu la prétention d'atteindre, je me tenais dans la plus entière abstention, je dirai même dans la plus complète indifférence.

Réponses à certaines objections.

Qu'il me soit permis de discuter quelques-uns des étranges arguments avancés par le Conseil municipal, car j'ai un seul but, celui d'éclaircir les choses.

Disons, d'abord, qu'on n'y trouve rien de vraiment sérieux; qu'on le voit tantôt se jeter dans des contradictions, tantôt s'en prendre à des fantômes ou à des prétentions inventées ou exagérées. C'est ainsi que, dans trois délibérations, le Conseil municipal déclare l'inutilité d'une nouvelle église. Plus tard, il dit avoir « *recherché les moyens de doter la commune* » *d'une église centrale ;* » il regarde comme avantageux d'en bâtir une au onzième kilomètre, et il ajoute : « *Que les deux* » *églises seraient placées à une distance de trois kilomètres* » *environ l'une de l'autre, et que le presbytère serait au milieu* » *des deux églises.* »

Donc, la nécessité de la construction d'une église a été reconnue, ce qui eût fait *trois* églises, alors que, dans les précédentes délibérations, il avait dit qu'*une seule*, l'ancienne église, était suffisante.

Mais le fait capital c'est, au moins, la nécessité bien reconnue d'une nouvelle église à construire.

Dans une autre délibération du 5 novembre 1860, on établit que l'acceptation de mon église doit coûter à la commune 80,460 fr., ainsi détaillés :

Pour les sœurs.....................F.	40,000
Pour l'enregistrement..................	23,760
Pour frais du contrat..................	2,700
Pour prise de possession	2,000
Pour le cimetière, sa translation......	12,000
	80,460

Dans un écrit récemment publié, on établit les chiffres suivants :

Etablissement du nouveau cimetière..	12,000
Prix d'acquisition de la nouvelle église.	30,000
Frais d'enregistrement et contrat......	3,000
Travaux a faire dans la nouvelle église pour l'approprier à sa destination d'église paroissiale..................	18,000
Coût des chemins à faire..............	46,000
A reporter......F.	109,000

Report.......F. 109,000

Construction d'un mur de clôture pour
    isoler les bâtiments acquis de la
    propriété de M. de Bonneval........   1,000
Acquisition d'un jardin pour l'hospice,
    proposé comme condition...........   2,000
                    ————— 112,000

Donc, 80,460 fr. suivant les uns ; 112,000 fr. suivant les
autres. Ces chiffres contradictoires ne sont exacts ni les uns
ni les autres ; ils n'ont aucune base, et, n'étant que pure-
ment imaginaires, on n'a pas à les discuter.

Répétons qu'il n'a jamais été question de changer le cime-
tière et de *remuer les cendres des anciens ;* je leur porte un
aussi religieux respect que qui que ce soit ; jamais un mot,
à ce sujet, n'a été prononcé, que je sache, par aucun des
défenseurs de la nouvelle Eglise. Ce changement, d'ailleurs,
n'eût pu être que l'œuvre du conseil municipal lui-même.
    Je ne réclamais que trente mille francs, non à titre d'in-
demnité personnelle, mais pour assurer à la commune les
avantages qu'elle devait trouver dans le dévouement des
Sœurs de Saint-Vincent-de-Paul. Elle se fût ainsi substituée
à moi, car personne n'ignore que jusqu'ici j'ai eu à pourvoir
à la presque totalité de leur entretien. Or, dans cette hy-
pothèse, quelle eût été la situation faite à la commune? La
voici :

1° Part contributive de la fabrique...............F. 15,000

2° Subvention accordée par l'Etat : soit le chiffre que M. le Préfet semble avoir indiqué.............. 20,000

3° Autre subvention. M. Labrouste, inspecteur général des édifices diocésains, m'avait dit spontanément « qu'il serait heureux, lui aussi, d'associer son administration à une pareille œuvre. » Supposons... 3,000

4° Economie annuelle sur la rétribution et le logement affectés à l'institutrice 650 fr. Or, ces 650 fr. représentent un capital de........................... 13,000

Ensemble...................F. 51,000

Ainsi, sans grever le budget communal, aux 30,000 fr. demandés se substituent 51,000 fr. ! ! !

En présence de ces chiffres, et encore n'y comprenons-nous ni les 106,000 fr. qui m'avaient été offerts, ni les bénéfices à percevoir de la tenue du pensionnat, ni le produit du travail des invalides pensionnaires, ni celui provenant des orphelines occupées, soit aux travaux manuels, soit surtout aux travaux d'agriculture, on se demande en quoi et comment ma proposition aurait pu devenir onéreuse à la commune? N'est-il pas évident, au contraire, que les 30,000 fr. (qui même, comme on vient de le voir, étaient moins qu'une charge) eussent été surabondamment compensés, et, dès-lors, ils n'étaient qu'un prétexte pour couvrir de misérables passions?

J'en appelle à la raison de tous, au bon sens de tous.

Qu'on en demeure bien convaincu : ce ne sont pas des charges que je voulais imposer à la commune ; je lui demandais d'accepter un bienfait que j'étais heureux de lui offrir, et dont toute la population devait ressentir l'influence. On eût eu alors toute ma pensée que jusqu'à ce moment je n'avais laissé qu'entrevoir, mais qu'on pouvait cependant apprécier par l'importance des constructions.

Qu'on juge maintenant s'il était possible de faire à une commune une proposition plus avantageuse ?

Sans qu'elle eût une obole à dépenser, elle eût été mise en possession de toutes les œuvres dont j'ai donné le détail à la page 3, et auxquelles il faut ajouter une belle église. Refusant ma proposition, elle continuait de demeurer privée de tout établissement charitable et hospitalier ; de plus elle avait à pourvoir :

1° A la construction d'une église nouvelle, le conseil municipal n'a pu se refuser à en reconnaître la nécessité.

2° A la construction d'une maison d'école ; la commune loue un châlet qui, mis en vente, peut lui être inopinément enlevé.

3° Et au paiement d'une rétribution pour l'institutrice.

L'évidence éclate.

On a bien souvent parlé du difficile chemin qui conduit à la nouvelle Eglise ; j'ai plus que personne subi son inconvénient; aussi, ai-je voulu le rendre praticable aux voitures, et, à cet effet, j'y avais mis des ouvriers que *l'autorité locale fit retirer*. L'économie du transport des matériaux, pour la construction de l'église et des bâtiments hospitaliers, eût couvert la dépense que j'eusse faite pour le chemin, et la commune eût profité et de l'économie faite et du chemin; car, enfin, ce chemin, avec ou sans église, doit, un jour ou l'autre, être rendu viable pour les propriétaires du haut de la côte, qui ne prétendent pas être, à toujours, déshérités d'une voie de communication.

On a parlé de l'institutrice laïque que j'ai indemnisée, lors de l'établissement des sœurs, et l'on me reproche cette indemnité. Quoi! me faire un motif de reproche de ce que, ne voulant pas que l'institutrice eût à souffrir de la venue des sœurs, je lui aie donné l'indemnité qu'elle demandait et dont elle s'est trouvée très satisfaite! Il faut une bien fatale influence pour changer le bien en mal! Si je publiais la correspondance que j'ai eue à ce sujet, ce que je dis ressortirait encore mieux.

Je ne conteste point le mérite que peut avoir une institutrice laïque, et je crois qu'elle peut faire du bien; mais une institutrice, quelque zèle qu'elle y mette, ne peut pas se dédoubler, et faire, *seule,* ce que font deux sœurs qui n'ont pas de ménage, et qui n'ont à s'occuper, *chacune,* que d'une classe. — Il est manifeste, d'ailleurs, qu'une institutrice laïque ne pouvait remplir mon but; car huit ou dix sœurs eus-

sent pu devenir nécessaires pour faire face aux exigences de
l'œuvre que je fondais, et il fallait, de plus, en assurer la con-
tinuité, la stabilité et la perpétuité. — J'avais choisi, enfin,
l'ordre de Saint–Vincent–de–Paul, parce que c'est une Communauté reconnue par l'Etat, et que son dévouement touche
à tous les besoins, comme à tous les âges de la vie. Pouvais-
je, d'ailleurs, avoir la prétention de faire mieux que l'Etat
et les villes sans nombre qui leur confient à la fois l'enfance,
les malades, les vieillards? (1)

On a dit que les sœurs ne font pas à La Tresne tout le bien
qu'on était en droit d'en attendre. On a raison. Comment en
serait-il autrement? On n'a cherché qu'à leur créer des difficultés et à entraver leur action, même auprès des familles
qui auraient le plus besoin de leurs services. On leur a cons-
tamment lié les mains, et une enquête pourrait seule mettre
au grand jour les odieux moyens auxquels on est descendu

---

(1) Le hasard vient de faire passer sous mes yeux les lignes suivantes :
M. Marshall, *inspecteur royal des écoles en Angleterre*, après avoir vi-
sité les collèges et établissements catholiques de tout le royaume, dans
son rapport s'exprime ainsi, en parlant de l'éducation donnée par les
religieuses : « *Je puis dire, d'après la connaissance que j'en ai, qu'il n'y
a que les écoles dirigées par les sœurs catholiques qui atteignent pleine-
ment le vrai but de l'éducation chrétienne.* » Il ajoute encore, au sujet de
la moralité des mêmes écoles que, « *sauf deux exceptions, il ne connaît
aucune école, soit de jeunes gens, soit de jeunes filles, qui puisse aller de
pair avec celles tenues par les religieux et religieuses* (Margotti, p. 92). »
Quel éloge dans la bouche d'un adversaire !!!... M. Thiers n'a-t-il pas dit
aussi : *Pour être bon maître d'école, il faut une telle humilité et une telle
ABNÉGATION de soi, qu'on ne les trouve que rarement chez un laïque.* »

dans l'opposition directe ou indirecte qui leur a été faite
Qu'on en juge par le trait suivant, souvent les plus petits faits
laissent jaillir la plus vive lumière :

Chaque année, à dater de leur entrée dans la commune,
l'autorité locale a eu l'attention, ce qui sans doute ne s'est
vu nulle part ailleurs, de comprendre ces dignes servantes
des pauvres au rôle de la cote personnelle et mobilière. Ce
procédé a dû paraître étrange à l'autorité supérieure, car
chaque année M. le Préfet a bien voulu intervenir pour en
annuler le résultat; si bien que cette année (c'était la neu-
vième), M. le contrôleur a lui-même coupé court à cette per-
sistance, en refusant de faire figurer les sœurs au rôle.

On a insinué que M. le curé s'était occupé en chaire de
l'institutrice laïque actuelle « *d'une manière aussi opposée aux
convenances qu'à la charité.* »
Ce reproche prouverait au moins que ses auteurs ont
fréquenté la nouvelle église, et qu'ils sont calomniés par ceux
qui assurent qu'ils n'y sont jamais venus. Mais la vérité est
que M. le curé affirme n'avoir jamais tenu le langage qu'on lui
prête, et son affirmation serait, au besoin, corroborée par tous
les paroissiens.

Je me résume :
Libre de mon temps, j'avais voulu en consacrer le produit
à la commune de Latresne. Je voulais fonder à toujours une

œuvre utile qui, multiple dans son développement, devait se
confondre dans son application; je voulais surtout qu'elle fût
pour les travailleurs un secours, une Providence. Tout s'har-
monisait dans ce but.

J'eusse pu offrir à la commune :

1° Une école pour les filles grandes;

2° Une école pour les filles petites;

3° Un pensionnat où l'instruction eût été plus élevée;

4° Un orphelinat;

5° Une salle d'asile;

6° Un hospice pour les malades;

7° Un asile ou retraite pour les vieillards et invalides du
travail;

8° Une belle église avec treize statues et un bel autel en
marbre de Carrare (œuvres d'art).

Tout cela, sans nulle dépense réelle pour la commune.

On a vu, en effet, comment les 30,000 fr. que je réclamais
pour assurer l'existence des Sœurs, ne donnaient lieu à aucune
charge.

On a vu qu'une dotation de 106,000 francs m'avait été
offerte par deux personnes, hautes par le cœur et par l'intel-
ligence, et que j'ai été forcé de la refuser.

On a vu que le pensionnat eût donné encore un profit à
appliquer aux pauvres; que, de leur côté, les orphelines, tout
en trouvant l'air et la lumière qui leur sont disputés dans les

centres de population, eussent apporté un concours utile et fructueux.

Les vieillards ou invalides eussent pu s'occuper, suivant leurs forces, au travail facile du jardin et de l'enclos, ils eussent ainsi continué leur vie ancienne, avec liberté de faire ou ne pas faire, suivant leur état de santé; et le produit de leur travail, quelque minime qu'il fût, eût été utile à eux et à une communauté d'œuvres réunies dans un même monument.

Voilà quel était mon rêve, mon espérance, qui seraient devenus une réalité.

Et de plus, quel heureux changement! La pompe et l'éclat des cérémonies religieuses rehaussées par les chants purs et harmonieux!! La moralité, cette vertu de tous les temps et de tous les lieux, soutenue, élevée, accrue, et les bonnes sœurs, ne se contentant plus de fournir au pauvre : pain, vêtements, médicaments, mais exerçant l'aumône dans le sens chrétien ; se communiquant elles-mêmes, ouvrant leurs propres cœurs aux malheureux, leur prodiguant sans réserve : soins, temps, consolations et prières!!

Il faut convenir que mon dévouement s'est trouvé dans une bien étrange et bien inexplicable situation. Je voulais faire le bien et on l'avait refusé.

Je restai donc complètement étranger à tout ce qui pouvait regarder Notre-Dame du Rocher, et, comme je me l'étais promis, depuis le 4 novembre 1860, je ne m'étais nullement écarté de cette résolution.

Si l'on veut le savoir, mon intention, tant je croyais les véritables intérêts de la commune engagés, était d'ajourner toute résolution définitive jusqu'à ce qu'il fût survenu une modification dans les éléments constitutifs du Conseil municipal. Si cette modification ne s'était pas réalisée, j'en aurais conclu que la commune partageait elle-même la manière de voir de ses représentants, et je me fusse cru dégagé de toute obligation à son égard ; mais, en ce cas, personne n'eût sans doute trouvé mauvais que je donnasse une tout autre destination à mon établissement, ce qui m'eût été, *pour ne rien dire de plus*, extrêmement facile.

Les choses en étaient là, lorsque sont survenus de nouveaux faits ; ils étaient inattendus pour moi ; ils contrariaient même la ligne de conduite que je m'étais tracée, et il n'a fallu rien moins que les avances de M. le Préfet et de Son Eminence pour m'amener à laisser faire. Je signalerai, à cette occasion, les procédés pleins de courtoisie de M. Caffin, conseiller de préfecture ; nul plus que lui n'était capable de porter la lumière dans les esprits.

On m'a appris que la voix de nos deux plus hautes autorités semblerait avoir été enfin entendue, et que, dans la séance du 19 février dernier, à laquelle assistaient les plus forts imposés, la commune acceptait la donation de mon église, des bâtiments adjacents et de toutes leurs dépendances, et qu'elle associerait ses ressources à celles de la fabrique pour assurer à perpétuité la dotation des Sœurs. Ce premier pas donne lieu de penser que les préventions auraient fait place à un sentiment

plus équitable, et sans doute on n'a pu entrer dans cette nouvelle voie, sans avoir apprécié le mérite de mon œuvre.

Mon rôle devrait donc finir, mais en cédant mes droits, je cé-
derai aussi mes devoirs, et désormais je ne serai plus partie
active. Il ne me restera qu'un regret: c'est qu'on m'ait créé
tant d'obstacles; c'est que cette œuvre, fruit de tant d'efforts et de sacrifices, soit exposée à en supporter les conséquences, et qu'elle n'atteigne peut-être jamais les divers dé-
veloppements dont elle est susceptible. Quoi qu'il en soit,
pendant dix-sept ans, j'aurai enchaîné ma liberté; j'aurai
donné le meilleur de mon temps, de ma vie à une commune
qui, je veux le croire pour l'honneur du cœur humain, recon-
naîtra un jour les services rendus, et s'étonnera des procédés
dont on a usé à mon égard. Oui, lorsque les petits intérêts,
les petites jalousies, les petites passions auront disparu, la
justice, la vérité, le bon sens seront, seuls, survivants légi-
times de cette longue querelle administrative, et le monument
de Notre-Dame du Rocher traduira matériellement ma bonne
volonté et en restera comme le témoignage vivant.

Je ne pousse pas plus loin ces réflexions : vous savez,
Monsieur le Maire, avec quels sentiments de satisfaction les
habitants de Latresne vous ont vu prendre les rênes — si
étrangement flottantes — de notre municipalité. Cette sympathie si générale vous est un sûr garant de l'appui qui sera
donné aux actes de votre administration. Sans doute, à en
juger par certains incidents qui ont signalé la période qui va

finir, la mission honorable qui vous est confiée a dû se présenter à votre esprit sous des couleurs un peu sombres, et c'est un motif de plus pour qu'il vous soit tenu compte de votre dévouement ; mais vous ne tarderez pas à vous convaincre que les difficultés ont été singulièrement exagérées, et qu'elles sont en grande partie dues à d'incroyables et inexplicables maladresses administratives.

Etudiez les besoins de la commune, et vous comprendrez bien vite que son importance réclame, depuis déjà trop longtemps, une foule d'améliorations matérielles ; il suffira d'une direction intelligente, ferme et loyale pour en procurer la réalisation, et vous laisserez ainsi un souvenir durable et utile de votre passage administratif parmi nous.

Veuillez agréer, Monsieur le Maire, l'expression de mes sentiments distingués.

Cte DE BONNEVAL.

Château de Latresne, 3 mai 1865.

Post-Scriptum.

Cet écrit était déjà sous presse, lorsqu'un entretien tout fortuit est venu me fournir de plus amples détails sur la séance municipale du 19 février dernier. Il résulterait de ces renseignements, que la question de Notre-Dame du Rocher n'est pas encore résolue d'une façon tellement nette, qu'elle ne puisse donner prise à quelques objections. Ayant été entièrement étranger aux actes de cette assemblée, je n'ai ni à les apprécier ni à m'en préoccuper, et je n'en persiste pas moins dans mon désir de me rendre utile à la population de Latresne; mais je dois le dire aussi : il est une limite que la volonté la mieux disposée ne saurait franchir sans se manquer à elle-même; et comme l'a fort bien observé le Conseil de fabrique, dans une de ses délibérations, et cela à *l'unanimité* : « *M. de Bonneval ne saurait se prêter à d'autres avan-* » *ces, et s'exposer peut-être à de nouveaux dédains; car, quel* » *que soit le désir qu'on ait de faire le bien, ce zèle ne doit* » *pas aller jusqu'à l'abnégation de sa propre dignité.* »

Je répéterai donc à mon tour : à chacun la responsabilité de ses œuvres. Si mon offrande ne rencontre pas un écho sympathique, et franchement avoué par les nouveaux mandataires dont la commune va bientôt faire choix, cette œuvre ne laissera pas que de produire ses fruits, en recevant immédiatement et pour toujours une autre destination ; mais, afin qu'il ne reste ni malentendu ni surprise dans l'esprit de personne, et que ce que j'ai voulu être un bienfait ne serve plus de prétexte à une agitation stérile, l'église de Notre-Dame du Rocher ne deviendra propriété de la commune qu'à la condition qu'elle sera canoniquement reconnue pour église paroissiale, et que l'ancienne église, conservée qu'elle soit, servira de chapelle de secours dans le sens proposé et motivé par le conseil de fabrique et sanctionné par Son Eminence.

Avant de quitter la plume, qu'il me soit permis de prier M. le chanoine Boudon de trouver ici le témoignage de ma reconnaissance pour l'appui éclairé, affectueux et sympathique qu'il a bien voulu me prêter. Il a suivi du cœur et de l'œil la triste odyssée de Notre-Dame du Rocher.

La Resse, 20 mai 1865.

www.ingramcontent.com/pod-product-compliance
Lightning Source LLC
Chambersburg PA
CBHW060811280326
41934CB00010B/2650